DESCUBRE LA MAGIA DE LA LECTURA

Estrategias didácticas para aprender a leer

"UNA VEZ QUE APRENDAS A
LEER, SERÁS LIBRE PARA
SIEMPRE."
— Frederick Douglass

ISBN: 9798328696661

LIBROS DECODIFICABLES PARA APOYAR A LOS LECTORES EMERGENTES EN ESPAÑOL

● ● ● ● ●

Una rutina sistemática de instrucción fonética es clave para el éxito en la lectura de todos los estudiantes. Incorpora esta serie de libritos decodificables en tu rutina de enseñanza. Estas pequeñas historias ayudarán a tus estudiantes a desarrollar sus conocimientos fonológicos a través de la identificación de sílabas, mientras construyen y desarrollan su fonética.

Esta serie de libros está diseñada para apoyar a los estudiantes en su viaje como descifradores de códigos practicando la división de palabras en sílabas. La comprensión de las reglas para la división de sílabas pondrá a los estudiantes en el camino correcto como lectores. Dividir las palabras en partes (fragmentos) es una habilidad necesaria para ayudar a los lectores emergentes en su proceso de convertirse en lectores fluentes. Es importante cambiar el orden de las sílabas en las prácticas (no siempre seguir el mismo orden "ma-me-mi-mo-mu" para que no memoricen sin entender la relación entre letra y sonido. Estas historias ayudarán a los niños a aprender a unir las vocales y las consonantes.

"Vamos a Leer!" es un recurso de alfabetización diseñado para estudiantes desde prekínder hasta primer grado. Nuestro enfoque es práctico y respaldado por la ciencia, convirtiendo las lecciones de fonética en experiencias divertidas y accesibles sin requerir una extensa preparación de los educadores. Reconocemos que cada niño trae su propia experiencia en lenguaje oral y escrito, por lo que entendemos que no existe una fórmula única para enseñar a leer. Sin embargo, la mayoría de los estudiantes se benefician de una enseñanza explícita de la conexión entre letras y sonidos. Una vez obtengan el conocimiento alfabético es necesario enseñarles a conocer las estructuras silábicas.

Durante la instrucción de fonética, también es crucial abordar el vocabulario y la comprensión del lenguaje. Esto se logra a través de lecturas en voz alta y discusiones orales. Al inicio del año escolar, enseñamos a los estudiantes que las palabras habladas se componen de sonidos individuales. Para fomentar su aprecio por el lenguaje y la estructura sonora de las palabras, utilizamos recursos como la poesía, las rimas y los trabalenguas.

"¡Vamos a Leer!" puede integrarse en su rutina diaria o utilizarse para la instrucción en grupos pequeños, según las necesidades de los estudiantes. Sabemos que los niños llegan a nuestras aulas con diversos niveles de preparación, por lo que este recurso decodificable se ha diseñado para apoyar a todos los estudiantes. Incluye juegos y actividades multisensoriales que fomentan el desarrollo de habilidades motoras finas y la memoria.

En mis treinta años de experiencia, he aprendido que los estudiantes tienen más éxito cuando se les presenta el abecedario y los sonidos de manera significativa y contextualizada. Las letras son el código que representa los sonidos del habla, y fomentar la participación activa de los estudiantes en este proceso es esencial para que se conviertan en lectores exitosos. Nuestro lema es "¡Vamos lectores, estamos rompiendo el código de lectura!", y es una invitación a explorar la magia de descifrar códigos literarios juntos.

LAS LETRAS:

• • • • •

Las letras del alfabeto son símbolos que representan sonidos. Cada letra tiene un nombre: cómo se pronuncia. También tiene una forma: cómo se escribe. Y, por supuesto, cada letra tiene un sonido: el sonido que representa.

Las letras son el código que usamos para representar los sonidos. La gran mayoría de nuestros niños vienen a la escuela con una comprensión básica de las letras. Las ven en libros de imágenes y las han notado en su entorno.

Muchos estudiantes están naturalmente curiosos y emocionados por "romper el código". Esta automotivación los lleva a una conciencia temprana de la letra impresa. Sin embargo, para muchos otros estudiantes, el viaje para aprender las letras no es tan natural. Para ellos, la instrucción debe suceder de una manera más sistemática, directa e intencional. Por lo tanto, es muy importante no asumir que los niños aprenderán naturalmente a identificar las letras y los sonidos por su propia cuenta.

Hay muchas opiniones sobre si los niños pequeños deben aprender a identificar las letras mayúsculas o las letras minúsculas primero o hacer ambas cosas al mismo tiempo. Hay ventajas y desventajas en ambas ideas y, como cualquier práctica curricular, lo que marca la diferencia es la entrega; el enfoque de instrucción sistemático y los recursos educativos que se utilicen. En mi experiencia, enseñar a reconocer las letras mayúsculas y minúsculas simultáneamente como "letras compañeras" tiene la ventaja del mayor recurso: ¡los libros de imágenes! Estos son el mejor recurso para que los estudiantes aprendan esos "símbolos" ya que sus páginas están llenas de letras mayúsculas y minúsculas. Sin embargo, al practicar la forma escrita, aprender a escribir las letras mayúsculas ofrece una ventaja sobre las minúsculas, ya que las letras mayúsculas son de tamaño constante y a menudo son más fáciles de dibujar para los pequeños escritores.

Es importante recordar que, además de una instrucción fónica sistemática y secuencial para enseñar la identificación de letras, un elemento clave en este viaje es proporcionar a los estudiantes oportunidades abundantes para participar en actividades multisensoriales, juegos activos, y divertidos. Por ejemplo, completar rompecabezas de letras, formar letras por medio de movimientos, como también juegos de mesa. ¡Estos recursos tangibles aumentarán el interés y mantendrán la atención de los estudiantes en su aprendizaje!

LOS SONIDOS:

LAS LETRAS REPRESENTAN SONIDOS

La ciencia de la lectura nos enseña que tener un conocimiento del sonido de las letras es crucial para aprender a leer y escribir. Este conocimiento grafemático permitirá a los estudiantes descifrar muchas palabras de forma independiente con confianza y precisión, especialmente cuando se encuentran con palabras que no les son familiares.

Muchos maestros comienzan a enseñar los sonidos de las letras al comienzo del año escolar de una manera orgánica e integrada mientras los estudiantes aprenden a leer sus nombres y los de sus compañeros de clase. Sin embargo, otros educadores esperan hasta que los estudiantes hayan dominado los nombres de las letras para introducir los sonidos. Ambos enfoques funcionarán para muchos estudiantes. Sin embargo, ambos enfoques fallarán sin la implementación en instrucción fónica sistemática y secuencial de letras y sonidos, ya que un gran número de estudiantes necesitarán esa instrucción directa y explícita para aprender a leer.

Es importante que los estudiantes tengan la experiencia de escuchar los sonidos de las letras durante todo el día de forma divertida y sensorial. Esto les permite aprender a reconocer e aislar los sonidos. Por ejemplo, cuando hablan de cómo esta el tiempo afuera, con los estudiantes, puede decir algo como "Hoy es un día soleado" mientras arrastra la /s/ de "soleado". Luego, continúe diciendo "Escribamos la letra "s" (escríbala en la pizarra) cuando decimos la palabra "soleado". Puede invitar a los estudiantes a pensar en otras palabras que también comiencen con ese sonido. Otra actividad que se puede hacer durante las transiciones del día es decir: "Vamos a hacer un viaje y vamos a llevar unas meriendas con nosotros. Llevaremos una pera y un pan." Los estudiantes tienen que agregar otras cosas que comienzan con la /p/.

La instrucción sistemática basada en la fonética es eficaz para ayudar a los estudiantes a aprender a leer de manera rápida y eficiente. También ha demostrado ser eficaz para ayudar a los estudiantes con dificultades de lectura.

Así que....¡Vamos a leer!

LAS SÍLABAS:

DIVISIÓN FONOLÓGICA DE UNA PALABRA

Gracias por acompañarnos a este viaje de aprendizaje a temprana edad.

En éste módulo el enfoque será en las sílabas. Las sílabas son cada uno de los sonidos articulados que realizamos al hablar. Por ejemplo, al pronunciar "camino", se escuchan tres golpes de voz distintos /ca/ /mi/ /no/. Esto significa, que esta palabra tiene tres sílabas. Las sílabas se combinan para formar palabras.

Cada lección viene acompañada de actividades para practicar lo aprendido. Es importante cambiar el orden de las sílabas en las practicas -no siempre seguir el mismo order "ma-me-mi-mo-mu" para que no memoricen.

Contenido

Estos libros decodificables son una herramienta valiosa para:

 Combinar consonante y vocal para crear sílabas:
Cada libro está enfocado en sílabas abiertas. Esta es una manera de enseñar a los niños a leer de corrido.

 Desarrollar la conciencia fonológica:
Estos libritos interactivos ayudan a desarrollar la conciencia fonológica, que es la capacidad de identificar y manipular los sonidos del lenguaje. Estos libros ayudarán a los estudiantes a aprender sobre los sonidos de las letras y cómo se combinan para formar sílabas y palabras.

 Motivar a los niños a leer:
Cada librito ofrece su propia magia intelectual. Las fotografías ofrecen a los niños una linda oportunidad de conectarse con el texto. Estas historias son super divertidas y presentadas de manera sensorial ofreciendo gran motivación a los niños a leer y disfrutar de la lectura.

 Apoyar a los estudiantes con dificultades de aprendizaje:
Estos libros proporcionan un entorno de aprendizaje estructurado ayudando a los estudiantes a superar sus desafíos en el area de la lectura y escritura.

TÍTULOS DE LIBROS

1	El sapo
2	El bote de Beto
3	El nido
4	El lobo
5	Mamá
6	Papá
7	La tina
8	La foca Fifa
9	La caja roja
10	El dado de Miranda

Guía para el año

Nota:

Establecer una rutina de instrucción fónica sistemática es esencial para el éxito de todos los estudiantes en su viaje hacia la lectura. Cuando los estudiantes desarrollan una sólida conciencia fonémica, construyen una base fonológica robusta que les facilita avanzar exitosamente en su proceso lector. La investigación en la ciencia de la lectura respalda la idea de que contar con un conocimiento fonológico básico permite a los estudiantes transitar hacia habilidades de lectura más avanzadas, como la fluidez y la comprensión, con mayor independencia y confianza.

Septiembre/Octubre

¡Rutina! ¡Rutina! ¡Rutina! Desarrollar una rutina es clave para ayudar a los estudiantes a moverse por el aula con confianza e independencia. Comienza los centros de lectura en octubre. Indícales a los estudiantes que en uno de los centros trabajarán en una mesa con un profesor. La lección puede ser una lectura en voz alta con énfasis en el desarrollo del lenguaje oral o un juego del alfabeto que enseñes al grupo. Establece reglas y expectativas para el trabajo en grupos pequeños. Modela y practica cómo se ve y suena trabajar en grupos pequeños. Recuerda que construir relaciones con los estudiantes, así como ayudar a que ellos construyan relaciones entre sí, es un elemento clave para su interés y participación en la lectura.

Noviembre/Diciembre

Para noviembre, los estudiantes habrán sido introducidos a una gran cantidad de letras y sonidos mediante un currículo fonético sistemático. Habrán descubierto la magia de la decodificación, ¡descomponiendo el código de lectura! Aprovechen esta oportunidad para practicar la segmentación de sonidos utilizando fonemas que se han enseñado. Por ejemplo, formen palabras CVCV usando las letras /c/ /a/ /s/ /a/. No es necesario esperar a que los estudiantes dominen todo el alfabeto para exponerlos a ejercicios de segmentación y explorar la combinación de sonidos de izquierda a derecha.

Enero/Febrero

Inicie grupos pequeños y homogéneos para abordar metas de lectura específicas y grupos heterogéneos para trabajar en comportamientos de lectura más generales, rompiendo la representación visual de 'los que pueden leer' y 'los que no pueden'. Comience los grupos homogéneos leyendo palabras decodificables, incluyendo palabras sin sentido. Luego, pase a poemas y pasajes decodificables cortos y, finalmente, a conjuntos de libros decodificables. Enseñe explícitamente el proceso de lectura de un libro modelando cómo seguir las palabras de izquierda a derecha y las líneas de texto de arriba a abajo. Muestre a los estudiantes cómo señalar palabras individuales (o letras) para ayudarlos a seguir lo que están leyendo.

Marzo/April

Las evaluaciones continuas permiten a los educadores determinar el progreso de lectura de los estudiantes. A medida que las habilidades de los estudiantes se desarrollan, se pueden crear nuevos grupos para enfocarse en metas de lectura específicas. Para aquellos estudiantes que continúan retrasados en la identificación de letras y sonidos, considere utilizar este tiempo para jugar juegos de letras con ellos, incluyendo actividades táctiles con movimientos corporales. El uso de estrategias multidimensionales como identificar las letras en sus nombres (y en los nombres de sus compañeros), canciones, rimas y nombrar la letra/inicial de objetos alrededor del salón permitirá a los estudiantes practicar las letras y los sonidos con confianza. Utilice este conjunto de libros del alfabeto para apoyar a los estudiantes en la identificación de letras y sonidos.

Mayo/ Junio

Los libros decodificables enseñan a los estudiantes a utilizar estrategias fonémicas para decodificar con destreza. También ayudan a los estudiantes a desarrollarse como lectores, sintiéndose exitosos y curiosos acerca de la palabra escrita. Un sólido fundamento fonético y un entusiasmo por la lectura ayudarán a los estudiantes a convertirse en lectores seguros. A estas alturas, los estudiantes habrán aprendido una variedad de elementos fonéticos y palabras de uso frecuente para convertirse en decodificadores expertos. Celebre el viaje de la lectura con sus estudiantes al permitirles elegir su historia favorita para leer. Grabe a cada estudiante leyendo y comparta esa grabación con sus familias.

ma me mi mo mu

Modelar

Mostrar a los estudiantes la tarjeta con la sílaba "ma" y decir su nombre. Por ejemplo, la "m" con la "a" dice "ma" , mamá empieza con la "ma". Escribir la sílaba varias veces en un papel. Luego repetir con las demás. Leer el poema haciendo énfasis en las sílabas de enfoque.

Ayudar

Invitar a los estudiantes a leer las sílabas y luego a trazarla usando el dedo índice sobre la mesa. Luego trazar en papel con un lápiz. También se puede usar materiales didácticos como por ejemplo una esponja mojada o un trozo de tiza de varios colores. Invitar a los estudiantes a leer el poema juntos. Pueden tomar turnos leyéndolo.

Aplicar

Leer la historia <u>Mamá</u> haciendo énfasis en las palabras silábicas con la letra m. Los estudiantes usan las actividades de práctica para reforzar lo aprendido.

ma má

ma pa

me sa

mo no

ma no

Mi la

M m

| ma | me | mi | mo | mu |

mamá

Mamá

Mi mamá me ama.

Amo a mi mamá.

Mi mamá ama a Mila.

Mila ama a mi mamá.

Mi mamá me mima a mi.

pa pe pi po pu

Modelar

Mostrar a los estudiantes la tarjeta con la sílaba "pa" y decir su nombre. Por ejemplo, la "m" con la "a" dice "pa" , papá empieza con la "pa". Escribir la sílaba varias veces en un papel. Luego repetir con las demás. Leer el poema haciendo énfasis en las sílabas de enfoque.

Ayudar

Invitar a los estudiantes a leer las sílabas y luego a trazarla usando el dedo índice sobre la mesa. Luego trazar en papel con un lápiz. También se puede usar materiales didácticos como por ejemplo una esponja mojada o un trozo de tiza de varios colores. Invitar a los estudiantes a leer el poema juntos. Pueden tomar turnos leyéndolo.

Aplicar

Leer la historia Papá haciendo énfasis en las palabras silábicas con la letra p. Los estudiantes usan las actividades de práctica para reforzar lo aprendido.

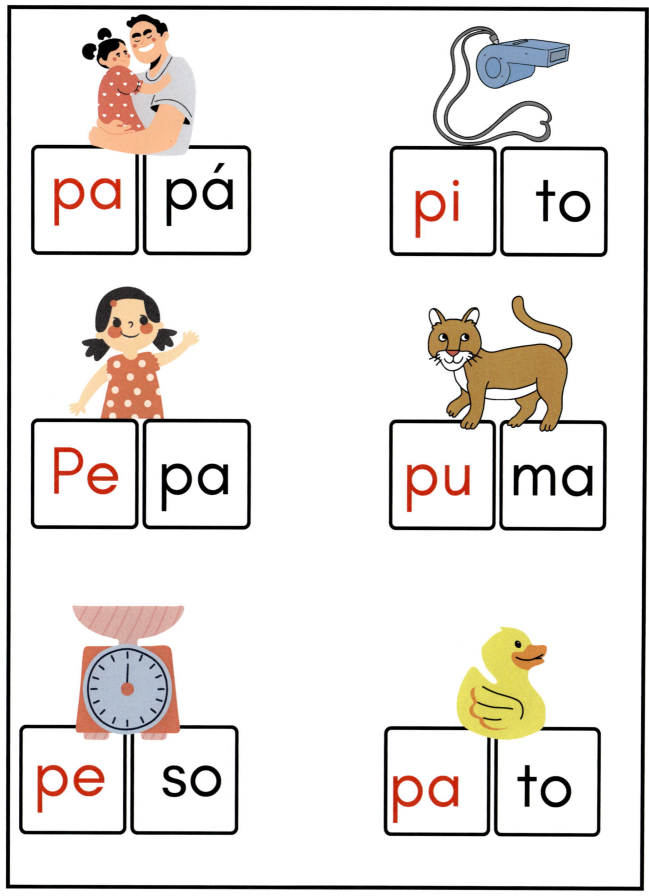

pa pá

pi to

Pe pa

pu ma

pe so

pa to

P p

| pa | pe | pi | po | pu |

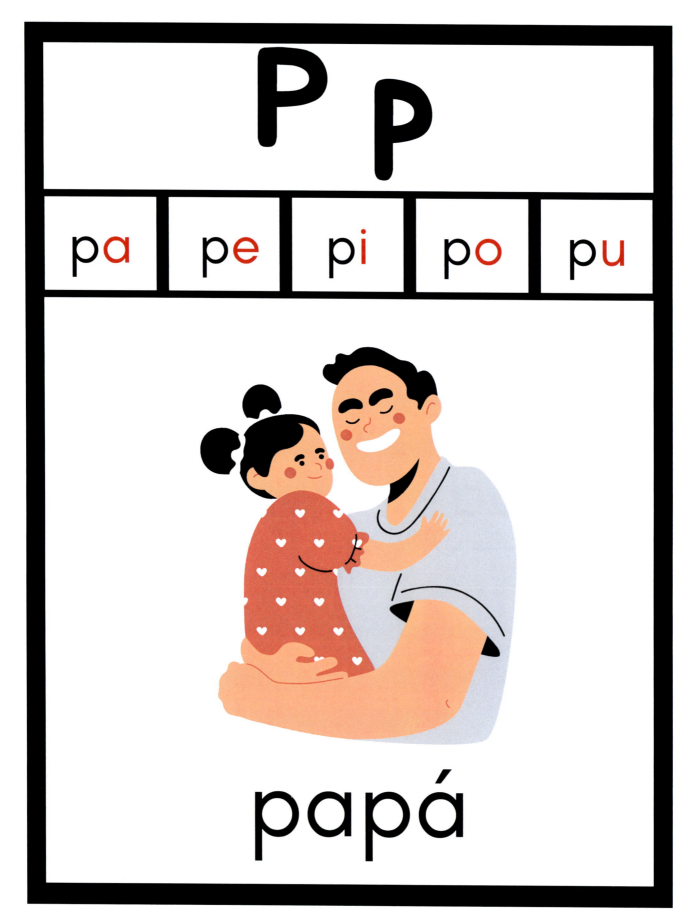

papá

Papá

Mi papá me ama.

Amo a mi papá.

Mi papá ama a Pepa.

Pepa pita a mi papá.

Mi papá me pita a mi.

sa se si so su

Modelar

Mostrar a los estudiantes la tarjeta con la sílaba "sa" y decir su nombre. Por ejemplo, la "s" con la "a" dice "sa" , sapo empieza con la "sa". Escribir la sílaba varias veces en un papel. Luego repetir con las demás. Leer el poema haciendo énfasis en las sílabas de enfoque.

Ayudar

Invitar a los estudiantes a leer las sílabas y luego a trazarla usando el dedo índice sobre la mesa. Luego trazar en papel con un lápiz. También se puede usar materiales didácticos como por ejemplo una esponja mojada o un trozo de tiza de varios colores. Invitar a los estudiantes a leer el poema juntos. Pueden tomar turnos leyéndolo.

Aplicar

Leer la historia El sapo haciendo énfasis en las palabras silábicas con la letra s. Los estudiantes usan las actividades de práctica para reforzar lo aprendido.

Sílabas

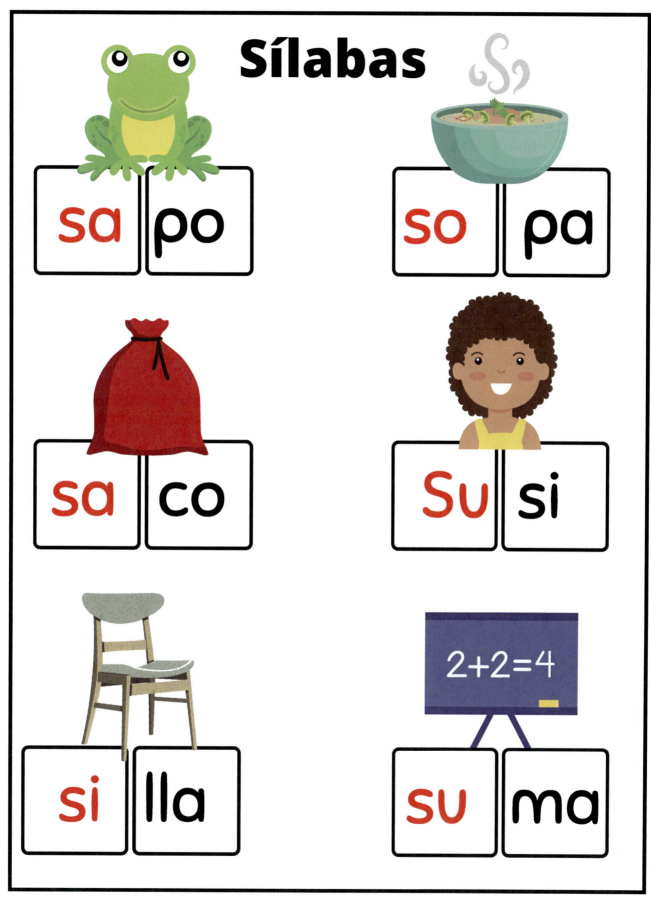

sa po

so pa

sa co

Su si

si lla

su ma

S s

| sa | se | si | so | su |

sapo

Sapo

Mi sapo Susu.

Susu ama a mi mamá.

Mi mono pasa la sopa.

Mi sapo Susu pita a Susi.

Mi papá pesa a Mila.

ba be bi bo bu

Modelar

Mostrar a los estudiantes la tarjeta con la sílaba "ba" y decir su nombre. Por ejemplo, la "b" con la "a" dice "ba", "bate" empieza con "ba". Escribir la sílaba varias veces en un papel. Luego repetir con las demás. Leer el poema haciendo énfasis en las sílabas de enfoque.

Ayudar

Invitar a los estudiantes a leer las sílabas y luego a trazarla usando el dedo índice sobre la mesa. Luego trazar en papel con un lápiz. También se puede usar materiales didácticos como por ejemplo una esponja mojada o un trozo de tiza de varios colores. Invitar a los estudiantes a leer el poema juntos. Pueden tomar turnos leyéndolo.

Aplicar

Leer la historia El bote de Beto haciendo énfasis en las palabras silábicas con la letra b. Los estudiantes usan las actividades de práctica para reforzar lo aprendido.

Sílabas

bo | ta

bo | ca

bo | bo

be | so

ba | ta

ba | te

B b

ba be bi bo bu

bota

Bota

La bota de mi abuelo Tilo está lista. Su bota es para su paseo a la loma. Mi abuelo Tilo es bueno. Su bufanda bonita está en la mesa. El patio de mi abuelo está listo para la familia. Mi abuelo ama a su familia.

fa fe fi fo f u

Modelar

Mostrar a los estudiantes la tarjeta con la sílaba "fa" y decir su nombre. Por ejemplo, la "f" con la "a" dice "fa", "faro" empieza con "fa". Escribir la sílaba varias veces en un papel. Luego repetir con las demás. Leer el poema haciendo énfasis en las sílabas de enfoque.

Ayudar

Invitar a los estudiantes a leer las sílabas y luego a trazarla usando el dedo índice sobre la mesa. Luego trazar en papel con un lápiz. También se puede usar materiales didácticos como por ejemplo una esponja mojada o un trozo de tiza de varios colores. Invitar a los estudiantes a leer el poema juntos. Pueden tomar turnos leyéndolo.

Aplicar

Leer la historia La foca Fifa haciendo énfasis en las palabras silábicas con la letra f. Los estudiantes usan las actividades de práctica para reforzar lo aprendido.

Sílabas

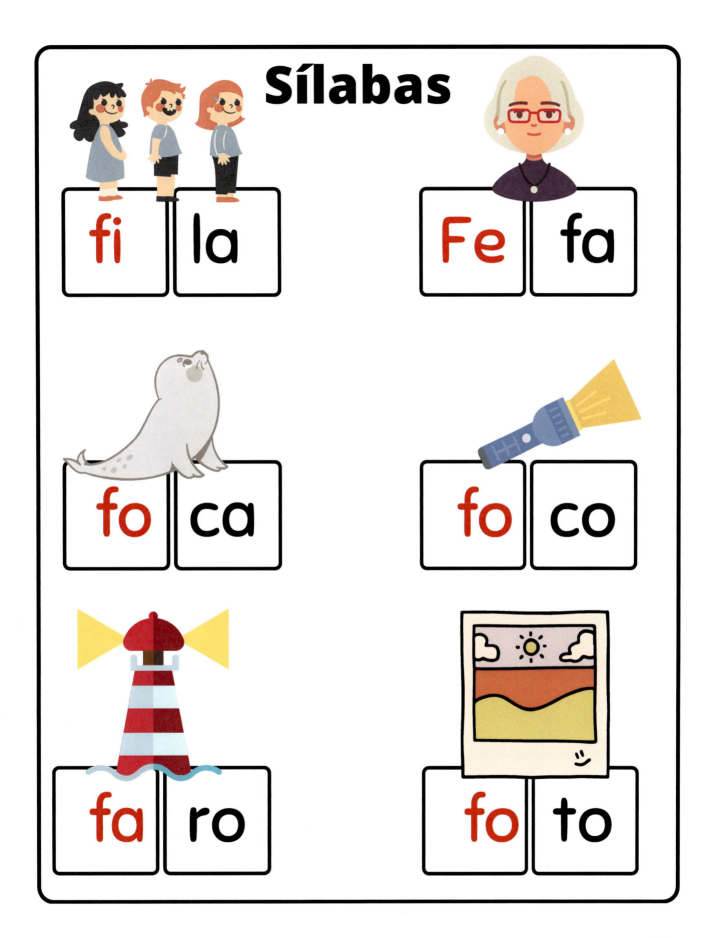

fi · la

Fe · fa

fo · ca

fo · co

fa · ro

fo · to

F f

| fa | fe | fi | fo | fu |

faro

Faro

Ese faro es de la familia
Faso.
El papalote pasa por el faro
y toca la nube. La dama le
pasa un poema a la nena. La
nena pasa por el faro. La
paloma pasa el faro. Ese
faro es famoso.

la le li lo lu

Modelar

Mostrar a los estudiantes la tarjeta con la sílaba "la" y decir su nombre. Por ejemplo, la "l" con la "a" dice "la" , lana empieza con "la". Escribir la sílaba varias veces en un papel. Luego repetir con las demás. Leer el poema haciendo énfasis en las sílabas de enfoque.

Ayudar

Invitar a los estudiantes a leer las sílabas y luego a trazarla usando el dedo índice sobre la mesa. Luego trazar en papel con un lápiz. También se puede usar materiales didácticos como por ejemplo una esponja mojada o un trozo de tiza de varios colores. Invitar a los estudiantes a leer el poema juntos. Pueden tomar turnos leyéndolo.

Aplicar

Leer la historia El lobo haciendo énfasis en las palabras silábicas con la letra l. Los estudiantes usan las actividades de práctica para reforzar lo aprendido.

Sílabas

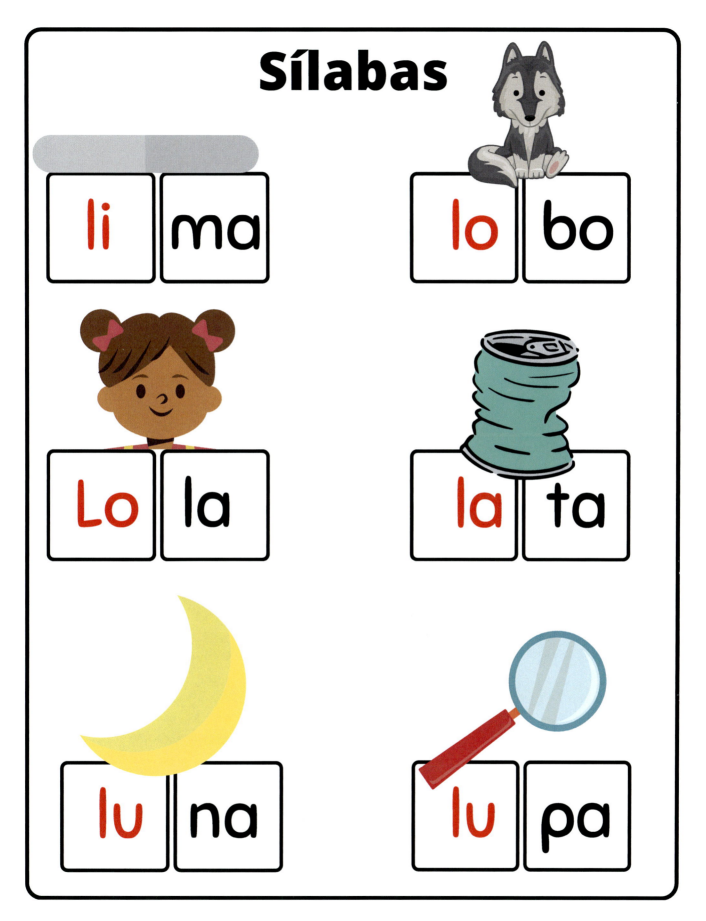

li ma

lo bo

Lo la

la ta

lu na

lu pa

L l

| la | le | li | lo | lu |

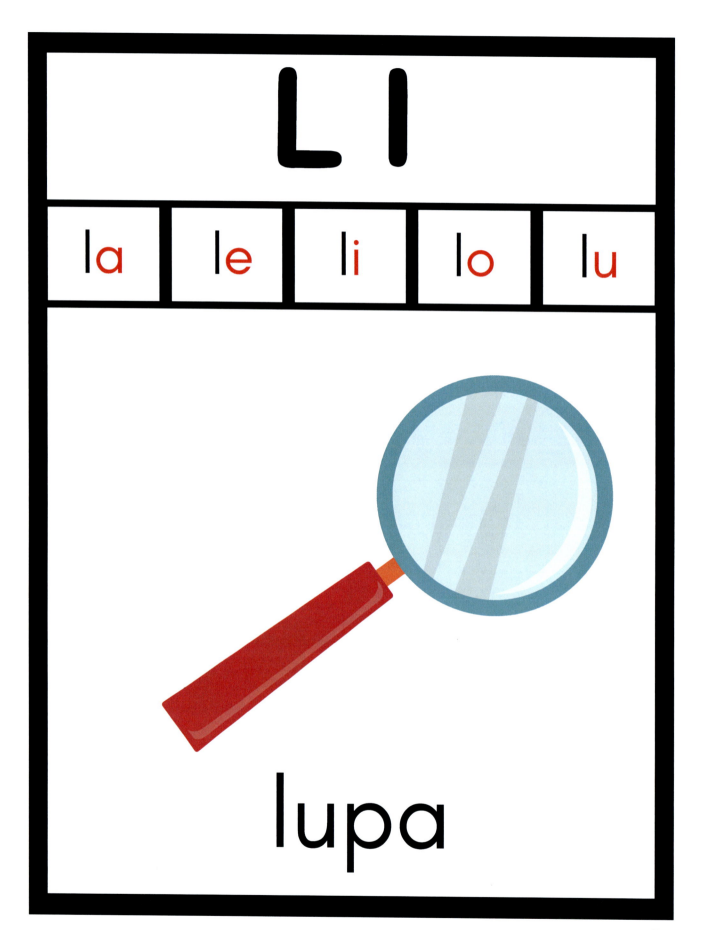

lupa

Lola

Mi mamá ama a Lola.

Lola se asoma.

Lola ama a mi mamá.

La luna se asoma.

Lola pasa la loma.

Lola pasa la lata.

Mi sapo pasa a Lola.

da de di do du

Mostrar a los estudiantes la tarjeta con la sílaba "da" y decir su nombre. Por ejemplo, la "d" con la "a" dice "da", "dado" empieza con "da". Escribir la sílaba varias veces en un papel. Luego repetir con las demás. Leer el poema haciendo énfasis en las sílabas de enfoque.

Ayudar

Invitar a los estudiantes a leer las sílabas y luego a trazarla usando el dedo índice sobre la mesa. Luego trazar en papel con un lápiz. También se puede usar materiales didácticos como por ejemplo una esponja mojada o un trozo de tiza de varios colores. Invitar a los estudiantes a leer el poema juntos. Pueden tomar turnos leyéndolo.

Aplicar

Leer la historia Él dado de Miranda haciendo énfasis en las palabras silábicas con la letra d. Los estudiantes usan las actividades de práctica para reforzar lo aprendido.

Sílabas

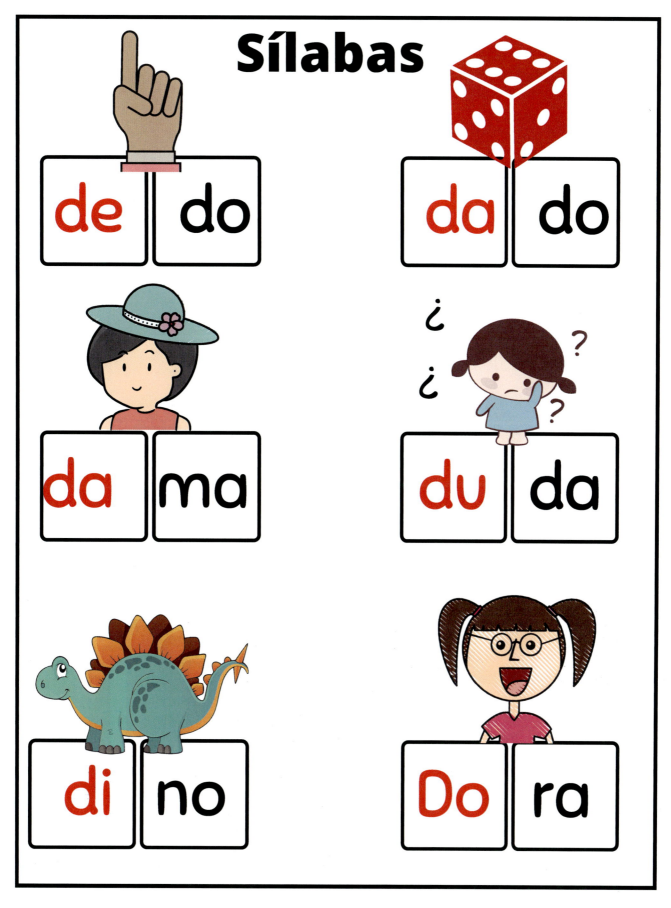

de do

da do

da ma

du da

di no

Do ra

D d

| da | de | di | do | du |

dado

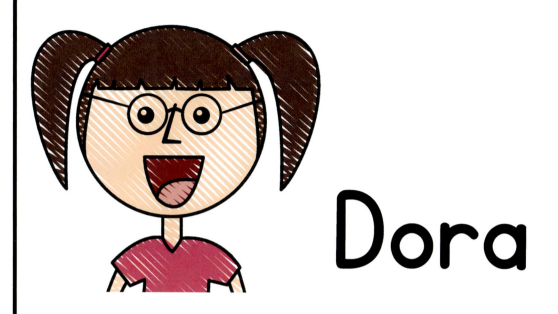

Dora

Dora la nena de la dama no sale sola. Su mamá le da su sopa. Dora pasea la sala. La paloma Pola se asoma a Dora. Dora le pasa la mano. La paloma Pola ama a Dora.

na ne ni no nu

Modelar

Mostrar a los estudiantes la tarjeta con la sílaba "na" y decir su nombre. Por ejemplo, la "n" con la "a" dice "na", "Nana" empieza con "na". Escribir la sílaba varias veces en un papel. Luego repetir con las demás. Leer el poema haciendo énfasis en las sílabas de enfoque.

Ayudar

Invitar a los estudiantes a leer las sílabas y luego a trazarla usando el dedo índice sobre la mesa. Luego trazar en papel con un lápiz. También se puede usar materiales didácticos como por ejemplo una esponja mojada o un trozo de tiza de varios colores. Invitar a los estudiantes a leer el poema juntos. Pueden tomar turnos leyéndolo.

Aplicar

Leer la historia El nido haciendo énfasis en las palabras silábicas con la letra n. Los estudiantes usan las actividades de práctica para reforzar lo aprendido.

Sílabas

ne na

Ni na

ni do

no ta

nu be

nu do

N n

| na | ne | ni | no | nu |

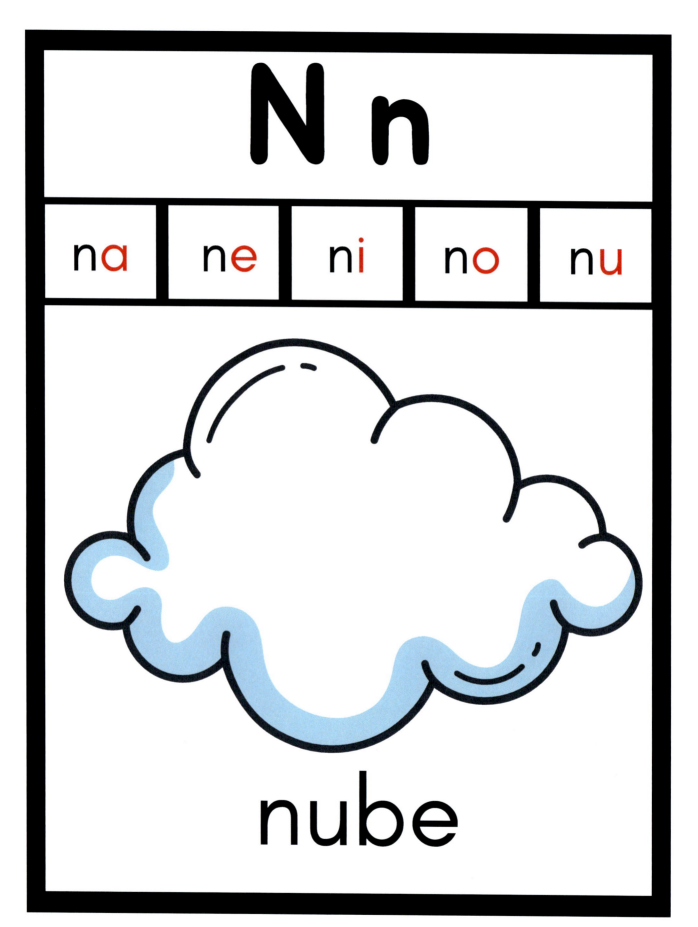

nube

Nina

Nina pasa la suma a su mamá.

Nina le pasa la mano a su osa.

Nina no pesa la masa.

Su mamá si pesa la masa.

La mona de Nina la pasa sola.

Nina no ama a su mona.

Nina ama a su osa Lela.

ra re ri ro ru

Modelar

Mostrar a los estudiantes la tarjeta con la sílaba "ra" y decir su nombre. Por ejemplo, la "r" con la "a" dice "ra", "rata" empieza con "ra". Escribir la sílaba varias veces en un papel. Luego repetir con las demás. Leer el poema haciendo énfasis en las sílabas de enfoque.

Ayudar

Invitar a los estudiantes a leer las sílabas y luego a trazarla usando el dedo índice sobre la mesa. Luego trazar en papel con un lápiz. También se puede usar materiales didácticos como por ejemplo una esponja mojada o un trozo de tiza de varios colores. Invitar a los estudiantes a leer el poema juntos. Pueden tomar turnos leyéndolo.

Aplicar

Leer la historia La caja roja haciendo énfasis en las palabras silábicas con la letra r. Los estudiantes usan las actividades de práctica para reforzar lo aprendido.

Sílabas

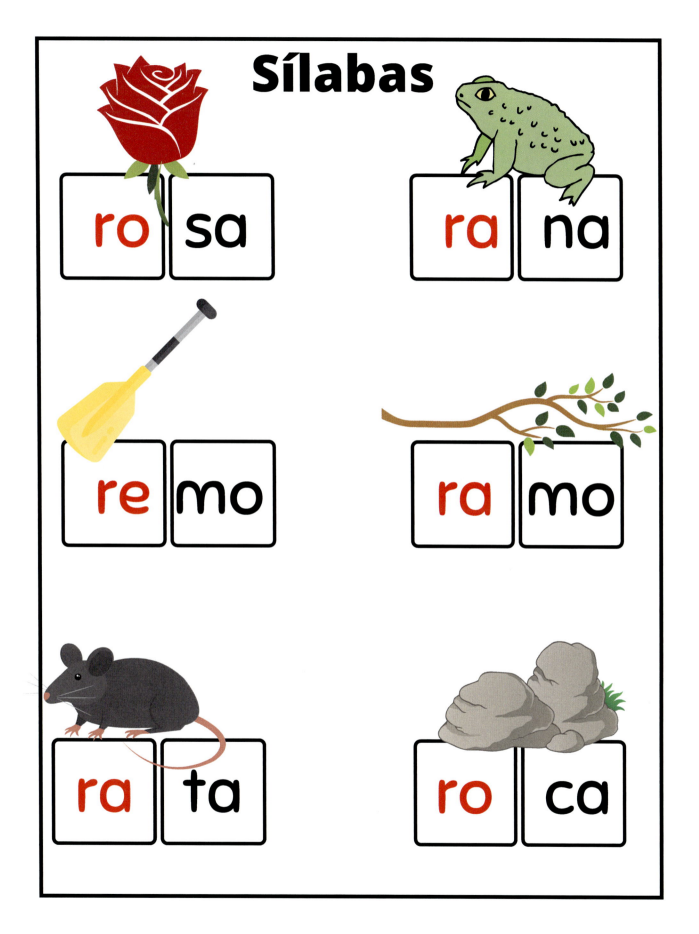

ro sa

ra na

re mo

ra mo

ra ta

ro ca

R r

ra   re   ri   ro   ru

rata

Rosa

La nena toma una rosa para su mamá. Esa rosa es bonita pero esa rosa no es de la mata. Esa rosa es de tela. Su mamá se pone la rosa en su pelo. La nena la mira. Su mamá la mira y le da un beso.

ta te ti to tu

Modelar

Mostrar a los estudiantes la tarjeta con la sílaba "ta" y decir su nombre. Por ejemplo, la "t" con la "a" dice "ta", "taco" empieza con "ta". Escribir la sílaba varias veces en un papel. Luego repetir con las demás. Leer el poema haciendo énfasis en las sílabas de enfoque.

Ayudar

Invitar a los estudiantes a leer las sílabas y luego a trazarla usando el dedo índice sobre la mesa. Luego trazar en papel con un lápiz. También se puede usar materiales didácticos como por ejemplo una esponja mojada o un trozo de tiza de varios colores. Invitar a los estudiantes a leer el poema juntos. Pueden tomar turnos leyéndolo.

Aplicar

Leer la historia La tina haciendo énfasis en las palabras silábicas con la letra t. Los estudiantes usan las actividades de práctica para reforzar lo aprendido.

Sílabas

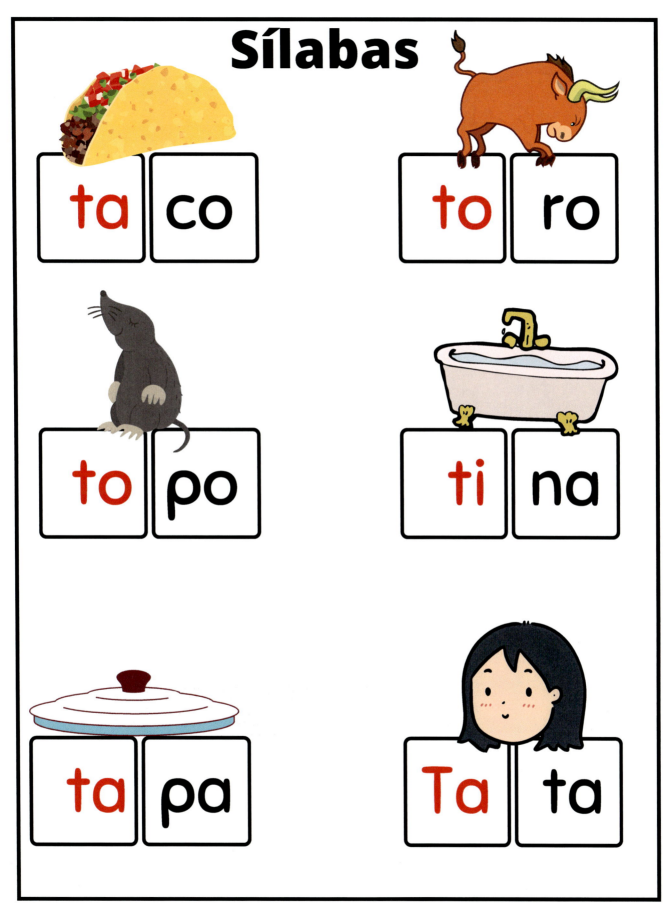

ta co

to ro

to po

ti na

ta pa

Ta ta

T t

| ta | te | ti | to | tu |

toro

Topo

Tito el topo come masa y lame la mesa. Tito el topo come taco en su casa. La nena le pide un foco a Tito el topo. Tito el Topo se lo pasa. La nena le da la pelota. Tito el topo pone la pelota en su cola y se la pasa a la nena.

ACTIVIDADES DE REPASO

Utiliza estas fichas como parte de los centros de lectura o para apoyar la instrucción en grupos pequeños

__ ta	
__ ca	
__ bo	
__ so	
__ ta	
__ te	

__ do	
__ do	
__ ra	
__ da	
__ no	
__ ma	

completa las
palabras

___ la	
___ fa	
___ ca	
___ co	
___ ro	
___ to	

completa las palabras

___ po	
___ pa	
___ co	
___ si	
___ lla	
___ ma	

completa las palabras

__ co	
__ ro	
__ po	
__ na	
__ pa	
__ ta	

Nombre: _____

leer:

Lo la

trazar:

Lota

escribir

Lota

costruir:

la Lo

56

Nombre: _____

leer:

ma | pa

trazar:

mapa

escribir

mapa

- - - - - - - - - -

costruir:

pa | ma

Nombre: _____

leer: nu do

trazar: nudo

escribir

_____
nudo
_____
- - - - - - - -
_____

costruir:

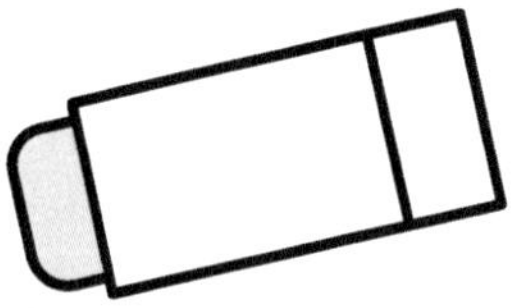

do | nu

Nombre: ________________

leer: pu ma

trazar: puma

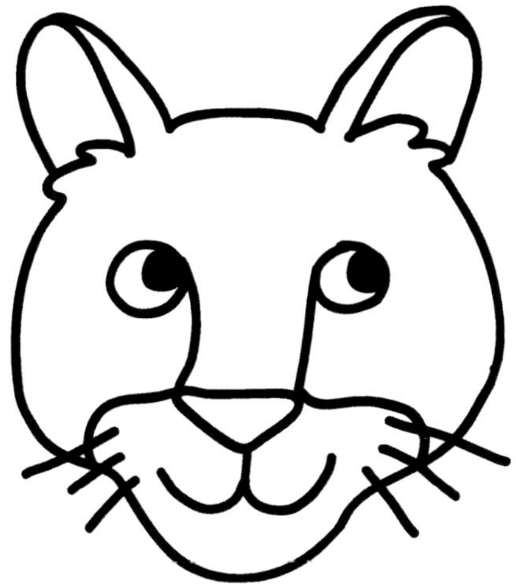

escribir

puma

costruir:

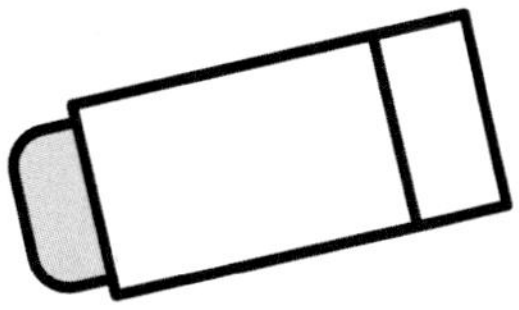

ma pu

Nombre: _____

leer: | ra | mo |

trazar: ramo

escribir

ramo

_____

_____

- - - - - - - - -

_____

costruir:

| mo | ra |

Nombre: _____

sa | po

trazar:

sapo

escribir

sapo

costruir:

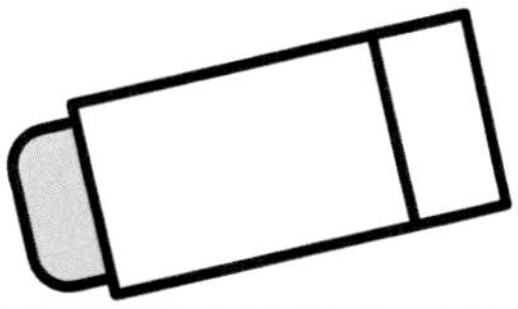

po | sa

61

JUEGOS ADICIONALES

Utiliza estos juegos como parte de los centros o para apoyar la instrucción en grupos pequeños

caja	pala
moño	bota
lata	piña
pavo	nido

Aparear foto con la palabra

casa	sapo
pato	mesa
mono	cama
mano	tina

mar	mar	mar
sol	sol	sol
voz	voz	voz
pez	pez	pez

gas	gas	gas
dos	dos	dos
oso	oso	oso
uva	uva	uva

pan	pan	pan
sal	sal	sal
osa	osa	osa
rey	rey	rey

ma	si	so	si	pa	me
se	¡BINGO!	sa	sa	¡BINGO!	pe
pi	su	me	po	te	su

mi	po	ti	pa	so	pu
pe	¡BINGO!	sa	me	¡BINGO!	su
mu	to	pa	te	mu	ti

pi	mi	su	pe	su	ta
to	¡BINGO!	si	tu	¡BINGO!	pa
ma	po	ti	te	so	mo

Bingo de sílabas

72

ma	si	pa	so
se	sa	me	pu
pi	su	pe	ta
mi	po	te	ti
to	mu	tu	mo

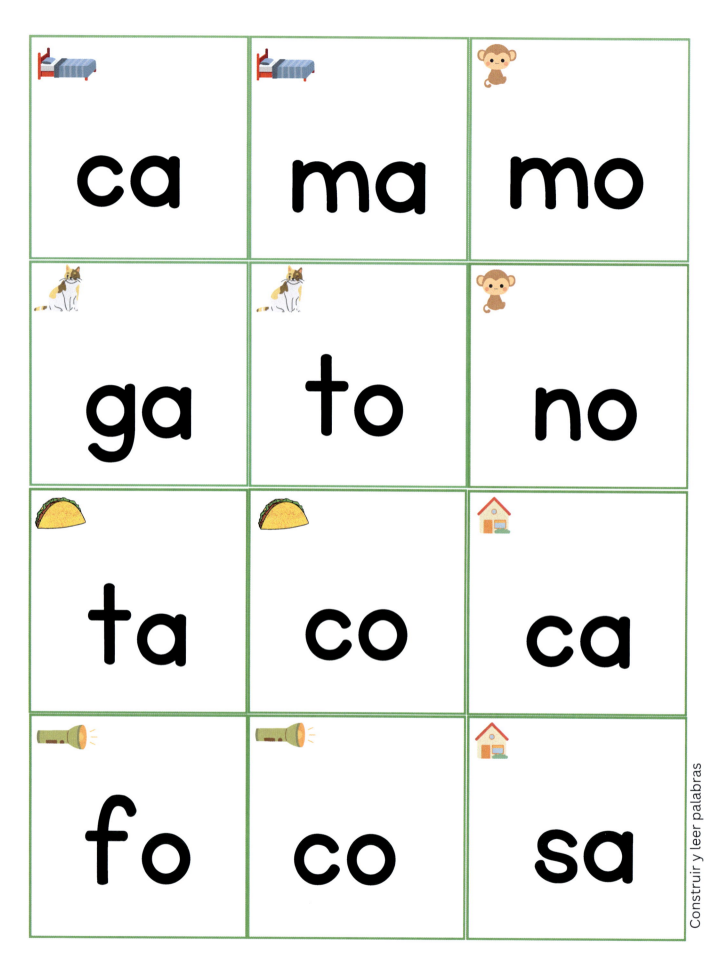

ca   ma   mo

ga   to   no

ta   co   ca

fo   co   sa

me   sa   ni

ca   ja   do

bo   te   pi

lu   na   ña

s [ ] l   p [ ] n

d [ ] s   u [ ] a

o [ ] o   r [ ] y

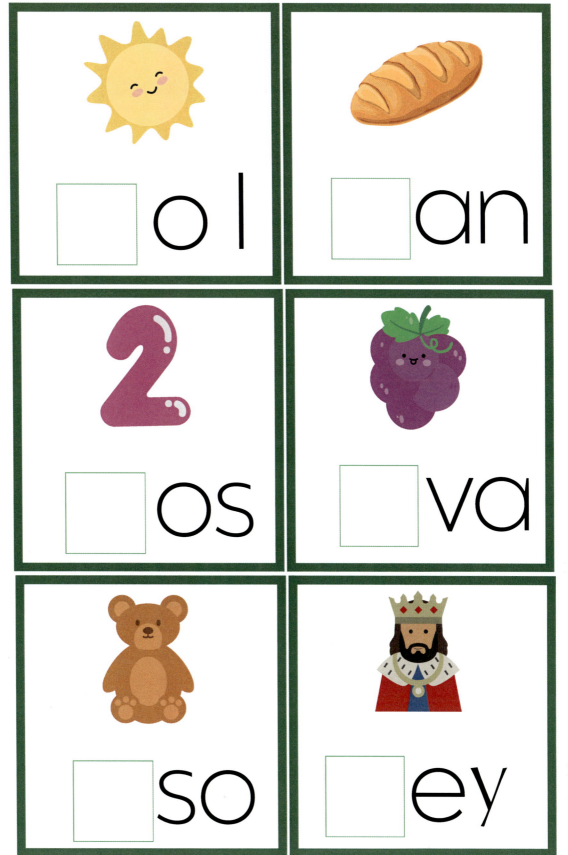

☐ o l

☐ an

☐ os

☐ va

☐ so

☐ ey

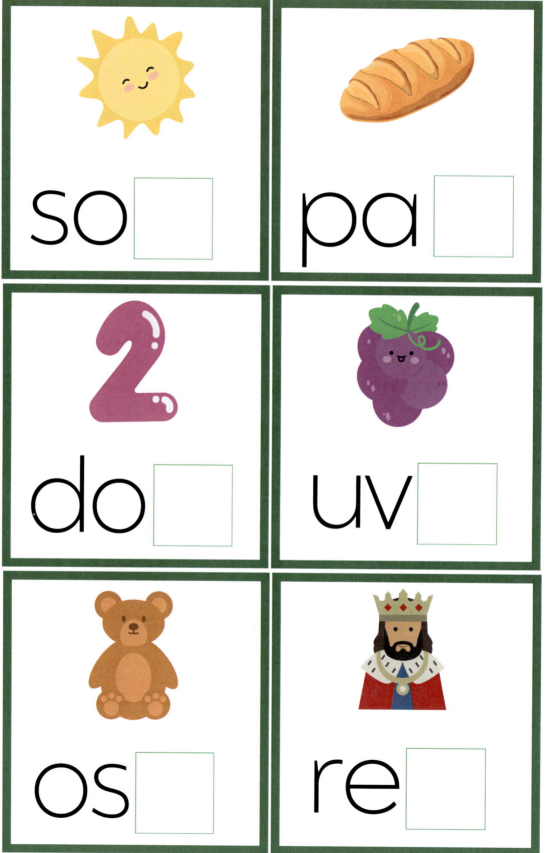

so☐   pa☐

do☐   uv☐

os☐   re☐

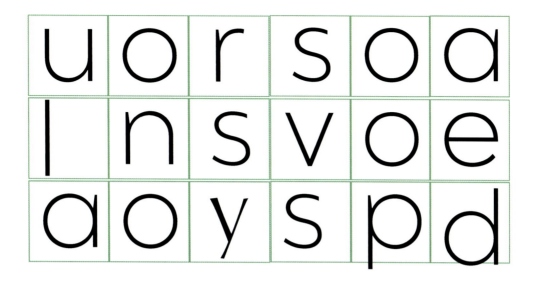

Tanya Montás Paris es una maestra de escuela primaria con más de 25 años de experiencia en educación bilingüe y monolingüe. Tiene una maestría en educación especial que le ha equipado con los conocimientos y capacidades necesarias para educar a estudiantes neurodivergente. Tanya es la co-directora de un campamento de tutoría de verano cuya meta es ayudar a los estudiantes a superar retos en la lectura y escritura. Tanya es una firme creyente en experiencias educativas que se integren en todas las áreas del currículo. Su práctica educativa es guiada por la creencia de que los niños aprenden al ser participantes activos en su aprendizaje y que un espacio de aprendizaje basado en el juego es el mejor lugar para que los niños pequeños prosperen social, emocional y académicamente. Ella es una firme creyente en la magia y el poder de la lectura, es una defensora apasionada de la alfabetización a temprana edad. Tanya disfruta creando recursos para maestros para ayudar a que el aprendizaje de los niños sea intencional, interactivo y divertido.

Tanya es escritora y escribe tanto para niños como para adultos.
Puedes visitarla a tanyaparis.com
Para visitas a la escuela, contacta a adam@sussmaneducation.com
@ www.lightswitchlearning.com

Tanya es co-fundadora de la Fundación Las Margaritas, una organización sin fines de lucro creada para apoyar las habilidades de alfabetización temprana de los niños en la
República Dominicana.

Made in the USA
Las Vegas, NV
14 July 2024

92274555R10052